Te Maori

Te Maori

Treasures of the Maori.

Photographs: Brian Brake

Captions: David R. Simmons

Translations: Merimeri Penfold

REED

in association with

Auckland City Art Gallery and Te Maori Manaaki Taonga Trust

Cover Gateway of Pukeroa Pa

wood, paint, height 350 cm

Rotorua

Arawa tribe (Ngati Whakaue)

Te Huringa I period (1800–)

Auckland Museum Te Papa Whakahiku (160), Ngati Whakaue

formerly in the possession of the New Zealand Government

This waharoa is the gateway of Pukeroa pa, a palisaded village, which until 1845 was still standing on the foreshore of Lake Rotorua. The site is today occupied by the Rotorua Hospital. Pukeroa was one of the main villages of the Ngati Whakaue tribe, part of the confederation descended from the Arawa canoe people. In this male figure the artist has used an Arawa realistic tattooed face mask and placed appropriate symbols on the body. The face of the figure was originally painted white with black tattoo, and this original finish was restored for the exhibition. Except for the shoulders and arms, the body was also white; all else was red.

He Waharoa

he rakau, te teitei 350 cm

no Rotorua

no Ngati Whakaue, Te Arawa

te wa, Te Huringa I (1800–)

Auckland Museum Te Papa Whakahiku (160), Ngati Whakaue

mai i te Kohinga a Te Kawanatanga

No te pa o Pukeroa tenei waharoa. He pa maioro. I tu ki te taha o te moana o Rotorua tae noa mai ki te tau 1845. Inaianei, e tu ana te hohipere o Rotorua i runga i te whenua o taua pa. Ko Pukeroa tetahi o nga tino papakainga o Ngati Whakaue he hapu no Te Arawa. He tane te tekoteko o runga. Nga tikanga i te kanohi no Te Arawa katoa me nga ahua hoki o te tinana. He ma te kanohi mai i te timatanga. Ko nga whakairo he mangu. Koia ano te ahua inaianei. Ahakoa i tua atu ko nga pokohiwi me nga ringa he ma katoa te tinana. He kokowai te toenga.

Translation by Wihapi Te Amohau Winiata

First published by the Auckland City Art Gallery 1986.
This edition published 1994 by Reed Books, a division of Reed Publishing (NZ) Ltd, 39 Rawene Road, Birkenhead, Auckland 10.
Associated companies, branches and representatives throughout the world.
Reprinted 1998

ISBN 0 7900 0646 4

Photographs: Brian Brake (courtesy of National Geographic Society and 'Art of the South Pacific')
Captions: David R. Simmons
Translations: Merimeri Penfold

Tekau ma-whā nga tau kua hipa i te putanga mai o ngā taonga whakahirahira a o tātou mātua, tīpuna i te tāone o New York, ki te ao whānui. Mai i taua wā kei te ora tonu te wairua o Te Māori. He maha ngā tohu. Kua tokomaha ake ngā Māori kei roto i ngā whare taonga e mahi ana inaianei. Kua tū i Te Whanganui-a-Tara tētahi whare taonga hou: ko Te Papa Tongarewa tēnā. Ahakoa ngā uauatanga o te wā, e mahi tonu ana ngā tohunga whakairo, raranga, tāmoko, tuhituhi, ki te hanga taonga hou, hei tirohanga ma te kanohi. A tona wā, ka kiia ēnei he taonga tuku iho.

Na, ka taka mai ki tēnei pukapuka. I whakaarahia ake i te wā o Te Māori i Tāmaki-makau-rau. Kua roa e ngaro ana. I tēnei rā, kua ara mai anō. No reira, ka mihi ki te wairua o Te Māori, ki ngā taonga i hangaia e rātou hei hiki i te manawa, kia kitea atu ai te ātaahua o ō rātou whakaaro, me te tohungatanga o ō rātou ringaringa me o rātou hinengaro. Ko nga āhua ka kitea i roto i tēnei pukapuka. Engari ma te āhua o ngā taonga e wero te hinengaro o tēnā, o tēnā o tātou.

It was at dawn on 10 September 1984 that Te Māori opened at the Metropolitan Museum of Art in New York. The opening was a remarkable event that heralded a turning-point in Māori culture. Not only had Māori art become more visible and more acceptable as an art form of the world, but another landmark had been reached: in launching Te Māori in New York we had launched Māori society and culture into the world. Māori people, Māori culture and Māori art had become a part of the international world.

Te Māori toured the United States and was taken to St Louis, San Francisco and Chicago. Wherever it went it was an outstanding success. The tour at home was even more exhilarating. Thousands of Māori, young and old, suddenly saw their arts and their traditions in a new light. It was a brilliant light that put a warm glow on everything it touched. That was Te Māori then.

Over a decade has passed. The country has been through some difficult upheavals and cuts in government spending. There has been much talk about market philosophies and New Right ideologies. The Māori Affairs Department has gone and there is a new trimmed-down Ministry of Māori Development. There are more Maori in Parliament than ever before in our history. Our first woman Prime Minister is leader of the nation. There have been two major settlements of past grievances to two prominent iwi and the concept of iwi is being argued in court. Who knows what else is ahead of us!

None of this, however, has dampened the spirit of Te Māori. Māori art flourishes. Māori people continue to pursue the goals of iwi development and self-determination. International links in the arts as well as in business and in the entertainment industry are expanding. There have been further exhibitions of Māori art in the United States. Relationships with the Field Museum in Chicago have flourished and other groups of Māori have visited that great institution.

Developments at home have been no less dramatic. There are more Māori working in museums than ever before in our history. But perhaps the greatest monument to Te Māori is the new national museum, Te Papa Tongarewa, that has been built on the waterfront in Wellington.

Since the opening in New York the world has changed but Maori art is thriving. And to ensure that Māori ethnologists, curators and exhibition designers are trained to play an even more prominent role in our museums, art galleries and centres of culture, a trust has been established by the Government. It is called Te Māori Manaaki Taonga Trust and, with the funds left over from Te Māori, it will help to train the professionals of the future.

Hirini Moko Mead
Chairman
Te Māori Manaaki Taonga Trust

Te Maori

Taonga Maori. Treasures of the Maori.

Te Maori is an expression of the deepest recesses of the mind, the spiritual essence, and the heart of the ancient Maori.

These masterly pieces are their legacy to us and they speak to us.

These treasures speak to us of power, inspiration and the awesome wonder of mankind.

They are the faces of the old world; the links of the old world to this world; and the sign-posts from this world to the world which stands before us.

Ko Te Maori te whakaaturanga o te tuturutanga o te hinengaro, te wairua, me te ngakau o te ao Maori kau pahemo.

Koianei nga taonga i mahue iho i a ratou ma tatou, a, e korero mai nei.

E korero ana enei taonga mo te ahua o tenei mea o te mana, te ihi, te wehi o te tangata.

Ko ratou nga kanohi o te ao kohatu, te herenga mai o tera ao ki tenei ao, nga tohu hoki ki te ao kei muri e tu mai ra.

Pendant

whale tooth, length 14.6 cm

Northland, Whangamumu

early Tai Tokerau

Te Tipunga period (1200–1500)

Auckland War Memorial Museum Te Papa Whakahiku (21859)

formerly Mrs Lushington Collection

At the top of the tooth are two figures back to back with upraised arms. Similar figures are found on Hawaiian wooden ornaments. The chevrons appear to be derived from human legs. The elements of this pendant relate to early island Polynesian forms rather than later Maori. What indications we have for dating suggest that chevron pendants were made about the fourteenth century.

He Rei Niho

he niho paraoa, te roa 14.6 cm

no Whangaumu

no Te Tai Tokerau o nehe

te wa, Te Tipunga (1200–1500)

Auckland War Memorial Museum Te Papa Whakahiku (21859)

mai i te Kohinga a Mrs Lushington

E rua nga tekoteko e piri ana he tuara ki te tuara. Kei te maranga nga ringa ki runga. He rite tonu ki nga tekoteko i runga i nga taonga a te iwi o Hawaii. E puta mai ana i nga taha he mea he rite ki te wae tangata. He rite atu nga whakairo ki ero o nga iwi moutere o Poronihia o nehe. Kahore he ritenga ki te rere whakairo Maori o muri mai. Ko enei tu rei niho ki te titiro iho no te rau tau tekau ma wha.

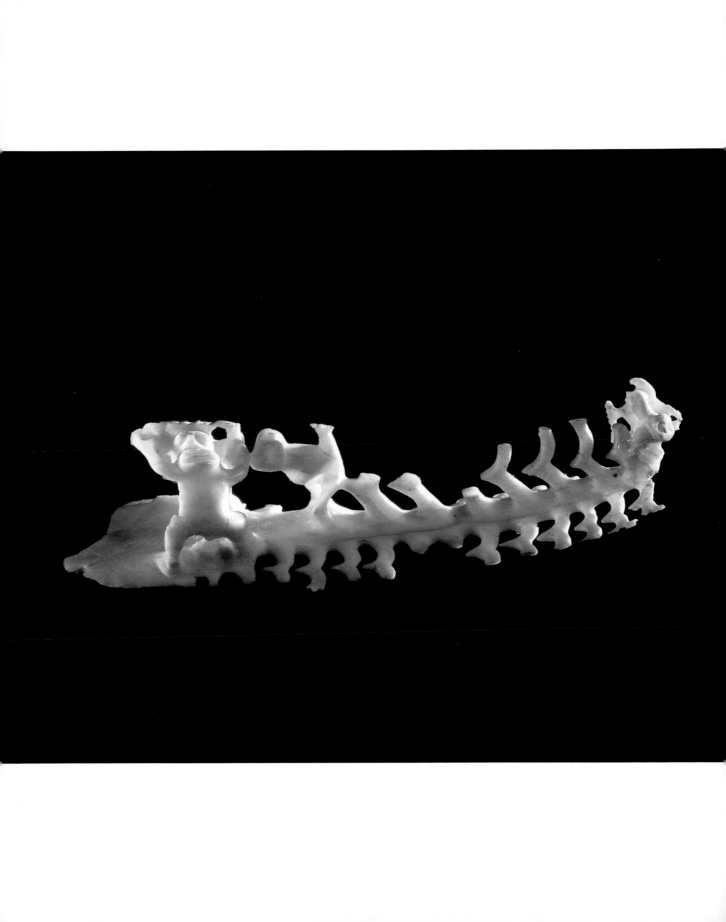

Canoe Bow Cover

wood, length 107 cm

Northland, Doubtless Bay

early Maori

Te Tipunga period (1200–1500)

Auckland War Memorial Museum Te Papa Whakahiku (3078)

formerly E.E. Vaile Collection

The dragon-like figure at the front of this Polynesian-style canoe has some Polynesian features but also foreshadows the manaia (profile/figure) of later Maori carving. Transitional features are the spikes all over the figure, which can be likened to the knobs on the elaborate Kauri Point comb (16). Some people have seen a resemblance between this prow and those of Viking ships, but this is a chance likeness soon dispelled by closer acquaintance with either form. The prow probably dates from about the fifteenth century.

He Haumi

he rakau, te teitei 107 cm

no Rangaunu i Te Tai Tokerau

no nehe

te wa, Te Tipunga (1200–1500)

Auckland War Memorial Museum Te Papa Whakahiku (3078)

mai i te Kohinga a E.E. Vaile

Ko tenei tu whakairo taniwha kei te ihu o te waka, kei te rere a te iwi moutere. He pera ano nga haehae. Kahore he ritenga Maori kei te noho mai i te manaia me nga tutu rakau e pihi ake ana i roto i nga whakairo. I heke mai nga ahua Maori i enei tikanga. Koia nga pona i runga i nga heru mai i Te Kauri. Ki etahi he rite tenei tu waka ki era o nga waka o nga whenua o Norway, o Sweden. Kahore noa iho he take o enei whakaaro. No te wa o te rau tau tekau ma rima te whakapae ki nga korero.

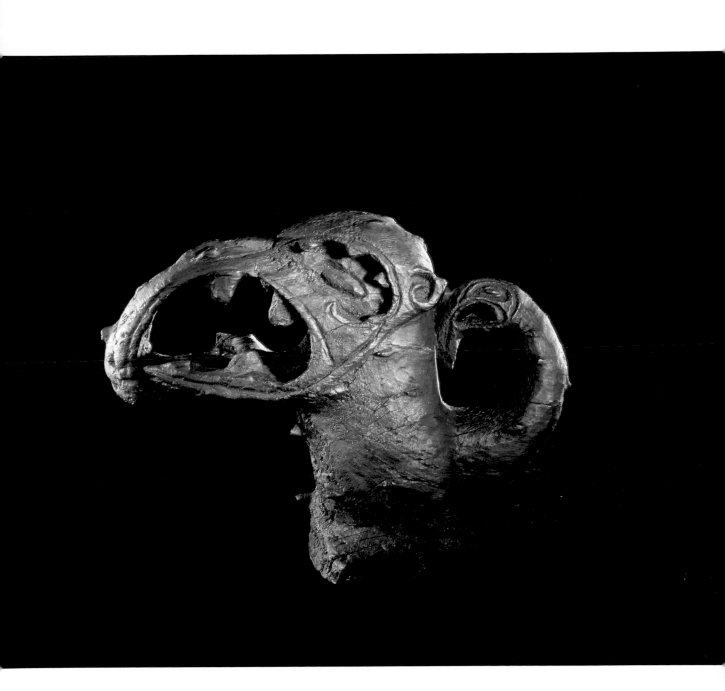

③ Amulet

serpentine, length 7.2 cm
Otago, Waitati
early Kai Tahu (Waitaha)
Nga Kakano period (900–1200)
Otago Museum, Dunedin (D10.279)
formerly Dr T.M. Hocken Collection

The serpentine used for this amulet probably originated in the Nelson area at the extreme north of the South Island. The simple dancing figure is a theme found throughout Polynesia and may be seen, for instance, on the carved drums of the Austral Islands or the Chatham Islands dendroglyphs. The style of this amulet would suggest that it is an early object.

③ He Rei

he kohatu, te roa 7.2 cm
no Waitati i Otakou
no Waitaha o nehe, Kai Tahu
te wa, Nga Kakano (900–1200)
Te Whare Taonga o Otakou i Otepoti (D10.279)
mai i te Kohinga a Dr T.M. Hocken

I ahu mai te kohatu mo tenei taonga i te rohe o Te Tai o Aorere, Te Waipounamu. Ko nga tekoteko o runga he rite nga ahua ki era o nga pahu o nga moutere o Ra'ivavae me nga whakairo i nga rakau o Reikohu, ara, o Whare Kauri. Ko nga tikanga no te rere ki Poronihia, a, he taonga no nehe.

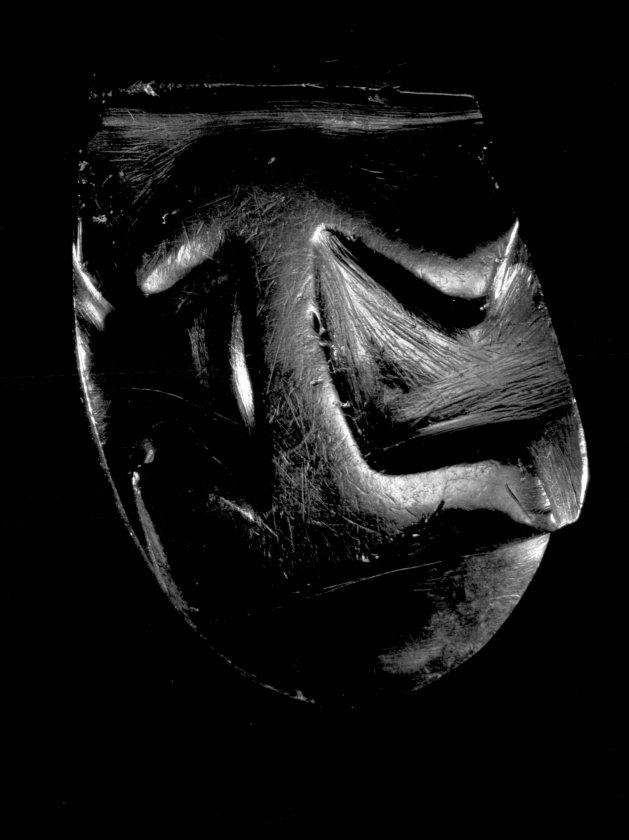

Uenuku

wood, height 267 cm
found at Lake Ngaroto, 1906
Waikato
Te Tipunga period (1200–1500)
Te Awamutu Museum (2056)
formerly R.W. Bourne Collection

This carving represents a tribal god of the Tainui people whose Arikinui is Dame Te Atairangikaahu. It has a haunting resemblance to some Hawaiian carving. Traditional information would suggest that it was made when the Maori art style was still eastern Polynesian in form, about AD 1400. Its significance goes beyond its ethnic uniqueness, but lies particularly in its spiritual importance, which still causes reaction by some people when viewing the carving.

Uenuku in his more ancient form is a god who appears as a rainbow. Traditionally, the spirit of Uenuku was able to inhabit a small carving which could then be carried by the tohunga.

 Ko Uenuku

he rakau, te teitei 267 cm
no Ngaroto, 1906
no Waikato
te wa, Te Tipunga (1200–1500)
Te Whare Taonga o Te Awamutu (2056)
mai i te Kohinga a R.W. Bourne

Ko tenei taonga no te iwi o Tainui, ara, o Te Arikinui, Te Atairangikaahu. He riterite ona tikanga whakairo ki era o te iwi, o te tangata whenua o Hawaii. Ki nga korero i mahia i te rau tau tekau ma wha (AD 1400), i te wa e mau tonu ana te wairua whakairo Poronihia-ki-Rawhiti i te Maori. He nui, he maha atu nga take o tenei taonga, i tua atu i ona ahuatanga Maori. Engari, ko te mana, ko te wehi tonu o tenei taonga tino take. Koia te mea ka pa ki te hunga e kite ana.

I nehe, ko te ahua tuturu o tenei atua Maori he kopere ki te tikanga Maori ake. Ka taea e Uenuku i nehe te uru, ka noho i roto i tetahi whakairo iti. Ma ka taea e ona tohunga te hari haere ki nga take maha a te iwi.

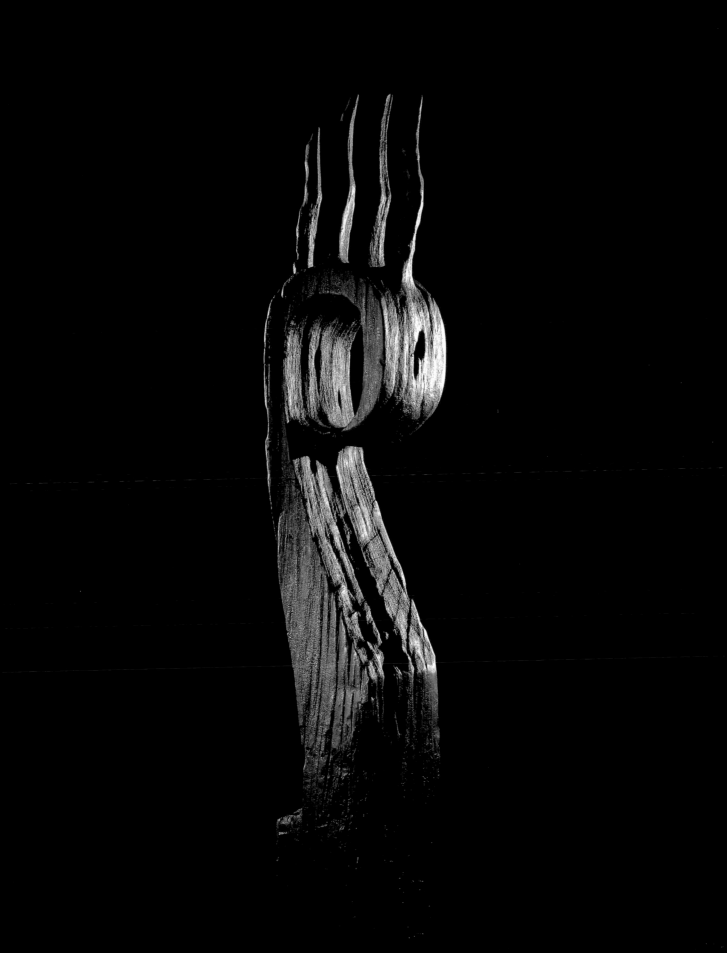

Burial Chest

wood, height 98 cm
Northland
Ngapuhi tribe
Te Puawaitanga period (1500–1800)
Museum of New Zealand Te Papa Tongarewa (ME.2659)
formerly Turnbull Collection

In the Tai Tokerau region, bodies were exposed after death on atamira, or platforms, until the flesh had rotted. The bones were then taken down, cleaned, painted with red ochre, and placed in a waka tupapaku, or secondary burial chest, which was then put into a cave. Waka tupapaku were made only for chiefs or other notable people. The overall design, in which they are made to sit upright in the cave, is intended to frighten intruders away.

He Waka Tupapaku

he rakau, te teitei 98 cm
no Te Tai Tokerau
no Ngapuhi
te wa, Te Puawaitanga (1500–1800)
Museum of New Zealand Te Papa Tongarewa (ME.2659)
mai i te Kohinga a Turnbull

Ki roto i te rohe o Te Tai Tokerau i nehe he mea whakairi te tupapaku ki runga i te atamira, a, ngahoro noa mai nga mea i nga iwi. Na, ka tikina atu aua iwi ka mahia kia ma, ka pania ki te kokowai. Ka mutu, ka kohia atu ki te waka tupapaku. Katahi ka haria, ka waihoa ki roto i te ana. Ko te tikanga hahau i enei tu taonga he mea mahi kia tu tonu mai ki runga i roto i te ana hei whakamataku tangata pokanoa.

Feeding Funnel

wood, height 15 cm
Hokianga
Ngapuhi tribe
Te Huringa I period (1800–)
Museum of New Zealand Te Papa Tongarewa (Old.135)
formerly W.O. Oldman Collection

Almost all these funnels, which were used to feed a chief when his face was being tattooed, come from the Northland area. A chief's head was very tapu. Cooked food has the property of removing or diminishing tapu. If any food touched the lips when they were still raw from tattooing, it would remove the tapu from the work and cause it to fail. At the same time, during the tattoo process the tattooer would not have been able to touch food with his hands, which were also tapu from the spilled blood. He would be fed pieces of food on sticks. This funnel has the head shapes of Hokianga combined with the surface decoration of the Bay of Islands.

He Korere

he rakau, te teitei 15 cm
no Hokianga
no Ngapuhi
te wa, Te Huringa I (1800–)
Museum of New Zealand Te Papa Tongarewa (Old.135)
mai i te Kohinga a W.O. Oldman

Ko te nuinga o enei tu korere i ahu mai i Te Tai Tokerau. He korere whangai tangata e mokoa ana te kanohi. He tapu te matenga o te tangata, a, e noa ana hoki te tapu i te kai maoa. Mehemea e toto tonu ana te kiri, ka mate noa iho te mahi ra ka pa atu ana he kai ki nga ngutu. Kahore hoki nga ringa o te tohunga moko e ahei ana kia pa ki te kai. Kua pa hoki ki te toto. Koia ka whangaia ki te rakau. Ko nga whakairo o nga matenga o nga tekoteko o tenei taonga no te rere ki Hokianga. Ko etahi mai he rite ki era o te rohe o Peowhairangi.

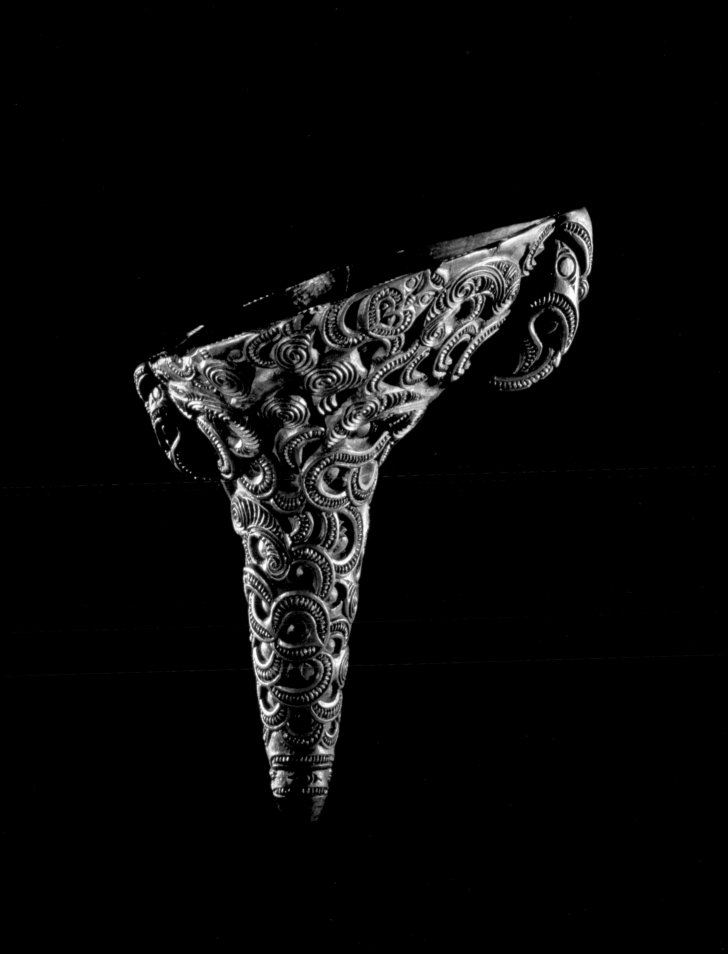

7   Feather Box

wood, length 54 cm
Hokianga
Ngapuhi tribe
Te Huringa I period (1800–)
Museum of New Zealand Te Papa Tongarewa (Old.331)
formerly W.O. Oldman Collection

This papahou, or rectangular feather box, made in the early nineteenth century, is decorated with unaunahi (rolling spirals) on the lid. The base is decorated with three figures carved in the serpentine style of Hokianga or the western area of Northland. This box was probably made by a Te Roroa carver. Te Roroa is a border tribe of mixed Ngati Whatua and Ngapuhi descent. One of the signs of accomplishment for the son of a chief was to carve a feather box to contain his own personal possessions; the other signs were the ability to compose waiata (sung poetry) and to lead his people in a tribal enterprise. As is usual on such feather boxes, the base is ornately carved because the box was designed to hang in the rafters of the house and thus was seen from the underside.

7   Papahou Huruhuru

he rakau, te roa 54 cm
no Hokianga
no Ngapuhi
te wa, Te Huringa I (1800–)
Museum of New Zealand Te Papa Tongarewa (Old.331)
mai i te Kohinga a W.O. Oldman

He mahi tenei papahou huru manu i te wa tuatahi o te rau tau tekau ma iwi. He unaunahi nga tikanga whakairo o runga. E toru nga whakairo tinana kei raro. Kei te rere o Hokianga te tikanga tarai. Na tetahi pea o nga tohunga o Te Roroa i whakairo. He panga ki a Ngapuhi ki a Ngati Whatua. He tohu o te rangatiratanga o te tama a te ariki. Mehemea ka oti ana i a ia he papahou hei pupuri i ona ake taonga. He arahi taua, he whakatakoto waiata etahi atu tohu. Ko enei taonga hei a whakairi koia te taha raro ka whakairoa.

8   Gable Figure

wood, height 99 cm
Northland
Ngapuhi tribe
Te Huringa I period (1800–)
Auckland War Memorial Museum Te Papa Whakahiku (22737)
formerly F.O. Peat Collection

Although this tekoteko, or house-gable figure, is from Northland, it is carved in the style of the Tuhoe of the Urewera. This figure belongs to a house carved with steel tools about 1850. The realistic face mask with eyeholes is a feature of the carving style of the Ngati Manawa subtribe. The house to which this tekoteko belonged was either a gift from the Bay of Plenty or was carried by an artist from the Tuhoe area.

8   He Tekoteko

he rakau, te teitei 99 cm
no Te Tai Tokerau
no Ngapuhi
te wa, Te Huringa I (1800–)
Auckland War Memorial Museum Te Papa Whakahiku (22737)
mai i te Kohinga a F.O. Peat

Ahakoa i ahu mai tenei tekoteko i Te Tai Tokerau ko nga tikanga whakairo no te rere ki Tuhoe. Ko te whare o tenei tekoteko me whakairo ki te toki pakeha i te tau 1850. He rite te ahua o te matenga ki te koruru. Ko nga kohao mo nga kanohi no Ngati Manawa. I te whakapae, ko te whare o tenei tekoteko he koha mai ranei no te rohe o Whakatane, a, he mea hari atu ranei na tetahi tohunga o Tuhoe mo taua whare.

9 Doorjamb

wood, height 245 cm
Otakanini
Ngati Whatua tribe
Te Puawaitanga period (1500–1800)
Auckland War Memorial Museum Te Papa Whakahiku (6206)
formerly A.S. Bankart Collection

This whakawae, or doorjamb, comes from a house named Tutangimamae, which stood at Manakapua in the central Kaipara. It was carved about 1650 for the chief Rangitaumarewa who fell in love with Te Hana, a beauty from across the harbour, and enticed her to elope. Her people took revenge by killing Rangitaumarewa's tribe. Te Hana stood over the door of the house and any who passed inside were saved even though they lost their mana (power) by passing between her legs. The carvings were taken from Manakapua and later re-erected for a house at Otakanini in the south Kaipara. This carving is one of the great pieces of Maori art.

9 He Whakawae

he rakau, te teitei 245 cm
no Otakanini
no Ngati Whatua
te wa, Te Puawaitanga (1500–1800)
Auckland War Memorial Museum Te Papa Whakahiku (6206)
mai i te Kohinga a A.S. Bankart

Ko tenei whakawae no Tutangimamae. He whare, i tu ki Manakapua i Kaipara. I whakairotia mo Rangitaumarewa, te rangatira. Ko tana whaiaipo ko Te Hana. He wahine ataahua no Kaipara ano. No Rangitaumarewa te whakaaro me oma raua ka moe. Koia te take ka patua e te iwi o Te Hana te iwi o Rangitaumarewa. Ko ta Te Hana i tenei pakanga he tu hangai i te kuwaha atu ki roto o Tutangimamae. I ora te iwi i uru atu ki te whare, a, i mate hoki te tapu i a ratou katoa. I haere atu hoki i waenga i ngaa huha o Te Hana. Ko nga whakairo o te whare nei me mau mai i Manakapua. No muri mai ka riro mo te whare i whakaturia ki Otakanini. He tino taonga tuturu a te iwi Maori.

Pendant

nephrite, length 12 cm
Kaipara
Ngati Whatua tribe
Te Puawaitanga period (1500–1800)
Auckland War Memorial Museum Te Papa Whakahiku (6425)
formerly Rintoul Collection

This nephrite pendant is made of pipiwharauroa greenstone. The stone is speckled like the breast of a shining cuckoo (pipiwharauroa), the harbinger of spring. The pendant is in the shape of a thin adze, but this stone has been chosen for its beauty, not its utility. Pipiwharauroa greenstone is rare and highly prized even today.

He Hei-pounamu

he pounamu, te roa 12 cm
no Kaipara
no Ngati Whatua
te wa, Te Puawaitanga (1500–1800)
Auckland War Memorial Museum Te Papa Whakahiku (6425)
mai i te Kohinga a Rintoul

Ko te ingoa o te pounamu o tenei hei he pipiwharauroa. Ko te ahua o nga korakora o roto he rite ki nga huruhuru i te rei o te pipiwharauroa. Koia te manu whakaatu ki te Maori to Koanga o te tau. Me mahi tenei hei pounamu hei toki, a, he rahirahi rawa mo te mahi hahau. He taonga ataahua koia i tohua ai hei matakitaki.

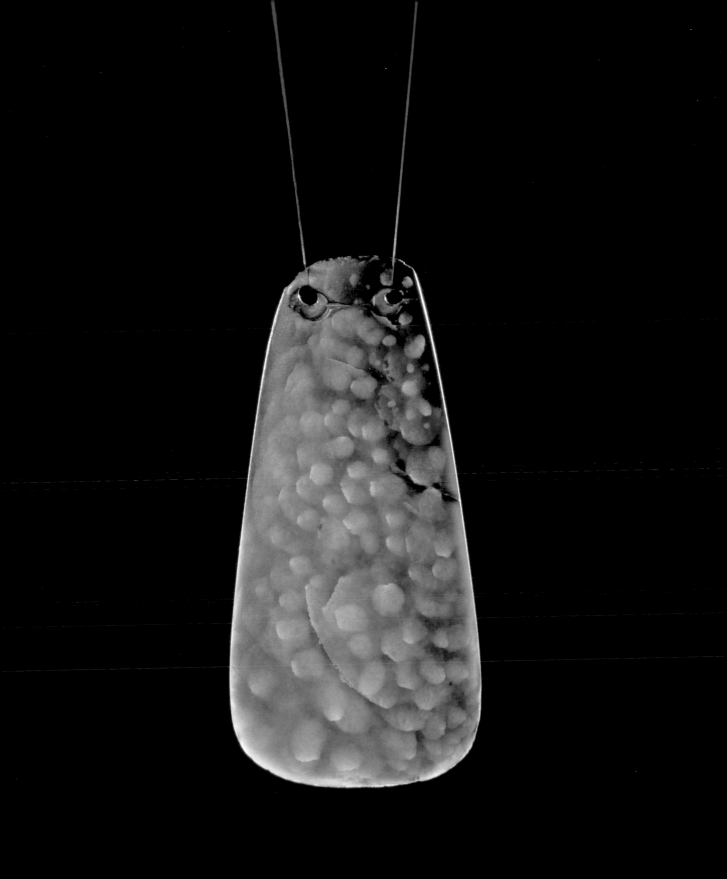

Godstick

wood, height 44 cm
Auckland City, Ngataringa Bay
Kawerau tribe
Te Puawaitanga period (1500–1800)
Auckland War Memorial Museum Te Papa Whakahiku (49009)
formerly E.E. Vaile Collection

This taumata atua, or godstick, a resting place for a god, is one of the few relics from the Ngataringa Bay area which have survived. It is quite remarkable not only for its form and size, but also because it is the only such figure found in the northern area. Other godsticks are known from the Whanganui area. This one is in the form identified with the god Hukerenui, the guardian of the bones of the dead.

 He Taumata Atua

he rakau, te teitei 44 cm
no Ngataringa i Tamaki
no Kawerau
te wa, Te Puawaitanga (1500–1800)
Auckland War Memorial Museum Te Papa Whakahiku (49009)
mai i te Kohinga a E.E. Vaile

He piringa atua tenei taonga. He torutoru nga mea i kitea ki Ngataringa i Tamaki. Ko tenei tetahi. Ko te ahua, ko te iti me te mea kahore atu he mea penei i roto i Te Tai Tokerau nga tino take o tenei tu taumata. He maha i ahu mai i te rohe o Whanganui. Ko te ahua hoki he rite ki a Hukerenui. Ki te korero koia te kaitiaki i nga iwi tupapaku.

⑫ Memorial Post

wood, height 232 cm
Waikato tribe (Tainui)
Te Huringa I period (1800–)
Auckland War Memorial Museum Te Papa Whakahiku (25053)
formerly E.E. Vaile Collection

This memorial post was made from a canoe that belonged to the chief being commemorated. George French Angas painted many such posts standing in the Waikato in 1844. The form of this Waikato post — a smooth realistic face with a spike on top — is also found in other Waikato carvings. The base figure of a war canoe sternpost, for instance, is often a three-dimensional version.

⑫ He Pouwhakamaharatanga

he rakau, te teitei 232 cm
no Tainui, no Waikato
te wa, Te Huringa I (1800–)
Auckland War Memorial Museum Te Papa Whakahiku (25053)
mai i te Kohinga a E.E. Vaile

Mea mahi mai tenei pouwhakamaharatanga i te waka o te rangatira mona te take. He maha nga pou penei i roto o Waikato i te tau 1844. Na George French Angas nga ahua i tuhi. No Waikato ano hoki nga tikanga i nga kanohi me te matenga. Te tekoteko i te kei o te waka taua, he tangata tonu te ahua mai o te tinana me nga ahua katoa.

13   Burial Chest

wood, height 123.4 cm
Waikato area, Raglan
Ngati Tahinga tribe
Te Huringa I period (1800–)
Museum of New Zealand Te Papa Tongarewa (ME.2660)
formerly Turnbull Collection

This waka tupapaku (burial chest) was made to contain the scraped and painted bones of a person of chiefly rank. At death the body was put in a primary burial area, probably in the sandhills, and then, at a later date, exhumed and prepared for secondary burial in a cave. This chest is one of three that were found in the same area. It is one of only five such burial chests that have come from areas outside Northland. It was carved by Waikato carvers who elaborated into a comb the spike normally found on the heads of their figures.

13   He Waka Tupapaku

he rakau, te teitei 123.4 cm
no Kawhia, Waikato
no Ngati Tahinga
te wa, Te Huringa I (1800–)
Museum of New Zealand Te Papa Tongarewa (ME.2660)
mai i te Kohinga a Turnbull

Me whakairo tenei taonga hei pupuri i nga iwi rangatira. Ka mate te tupapaku, ka tanumia ki te wahi tapu, ki te puke onepu ranei. Ka roa, ka hahua, ka mahia nga iwi, ka kuhua ki roto i te waka tupapaku, a, ka purua ki te ana. E toru nga waka nei i kitea i te wahi kotahi. Ko tenei tetahi o nga waka e rima ehara no Te Tai Tokerau. Ko nga tikanga whakairo no te rere ki Waikato. Ko te heru mai i te matenga i heke mai i nga tikanga o nehe.

Gateway Figure

wood, height 196 cm
Lake Rotorua, Te Ngae
Arawa tribe (Ngati Whakaue)
Te Huringa I period (1800–)
Auckland War Memorial Museum Te Papa Whakahiku
gift of Justice Gillies (161)

This figure comes from the gateway of a pa (village) that stood at Te Ngae, on Lake Rotorua in the early nineteenth century. The figure originally topped a gateway that was about fifteen feet high, but the lower part has been broken off and lost. It represents a chief of the Ngati Whakaue tribe named Pukaki with his wife and two children. The hapu of the tribe is still known by his name, 'descendants of Pukaki'. The figure has the realistic tattooed face mask of the Arawa people with the arms and legs of the main figure decorated with typical Arawa spirals.

 He Waharoa

he rakau, te teitei 196 cm
no Te Ngae i Rotorua
no Ngati Whakaue, Te Arawa
te wa, Te Huringa I (1800–)
Auckland War Memorial Museum Te Papa Whakahiku
he koha na Justice Gillies (161)

Ko tenei whakapakoko no tetahi pa i Te Ngae i Rotorua. Te teitei o te waharoa o te pa, kotahi tekau ma rima putu. Ko te taonga nei i runga e whakapae ana. Ko raro i whati ka ngaro. Ki te korero ko Pukaki raua ko tana wahine me a raua tamariki. Koia ano te hapu o taua iwi ko 'nga uri o Pukaki'. He rite te ahua ki te koruru mai i te rere whakairo a Te Arawa. Pera ano hoki nga mahi i runga i nga wae me nga ringa.

Post Figure

wood, height 97 cm
Bay of Plenty
Arawa tribe (Ngati Pikiao)
Te Huringa I period (1800–)
Museum of New Zealand Te Papa Tongarewa (ME.5250)

A poutokomanawa is an interior figure that rests by the post that holds up the ridgepole of a house. The ridgepole is symbolically the backbone of the ancestor whose body is the house. Post figures usually represent fairly recent ancestors. This one was carved about 1860 for a meeting-house which probably stood in the Whakatane area of the Bay of Plenty. Its carver was most likely of Ngati Pikiao of Rotoiti, although it is possible that he trained in a school linked to Ngati Tarawhai of Rotorua, who also had historical links with Ngati Awa. The figure is beautifully carved.

 He Poutokomanawa

he rakau, te teitei 97 cm
no Whakatane rohe
no Ngati Pikiao, Te Arawa
te wa, Te Huringa I (1800–)
Museum of New Zealand Te Papa Tongarewa (ME.5250)

Ko te poutokomanawa e whakairoa ana mo roto i te whare. Kei te take o te pou pupuri i te tahuhu te turanga. Ki te Maori, ko te tahuhu te tuararo, ko te whare tonu te tinana o te tipuna. No muri mai nei ano nga tupuna i whakairoa ki enei pou. Ko tenei no te tau 1860 i mahia ai mo tetahi whare i roto i te rohe o Whakatane. No Ngati Pikiao te tohunga. I mahi tahi tenei me nga tohunga whakairo o Ngati Tarawhai ki Rotoiti. He iwi i whai panga ki a Ngati Awa. He taonga rangatira.

Comb

wood, height 10.5 cm
Tauranga, Kauri Point
Ngaiterangi tribe
Te Puawaitanga period (1500–1800)
Waikato Museum of Art and History, Hamilton (1973/50/405)

The deposits in which this comb was found date between the sixteenth and eighteenth centuries. The comb was part of a tapu (sacred) haircutting place. The heads of ariki (high chiefs) and chiefs were very tapu and any objects that had touched the head were carefully disposed of. Over 300 combs or pieces of combs were put in the Kauri Point swamp. They show the development from the geometric type of design brought from Polynesia to the curvilinear forms of eighteenth century Maori art. The early combs in the Kauri Point deposit are flat topped with fairly stylised geometric design; this undergoes a development to a complete head with large eye, knob nose, and mouth seen in this example. Late forms of combs, like those collected by Captain Cook, utilise a stylised form of this head so that the comb has a curved top with knob at the side. These combs illustrate the development of Maori art from a style based on geometric forms through a curvilinear development and back to an abstract form.

He Heru

he rakau, te teitei 10.5 cm
no Te Kauri i Tauranga
no Ngaiterangi
te wa, Te Puawaitanga (1500–1800)
Te Whare Taonga o Kirikiriroa i Waikato (1973/50/405)

He tino tawhito te takotoranga o tenei taonga. No te wa mai i te rau tau tekau ma ono ki te rau tau tekau ma waru. He tanumanga makawe taua wahi. He repo i Te Kauri i Tauranga. E toru tekau pea nga mea heru i kitea i taua wahi. He tapu te matenga o te ariki, tohunga ranei, a, me tanu nga mea katoa e pa ana ki te matenga. Na nga tikanga mahi o enei taonga ka whakararangitia te heke mai o te whakairo Maori mai i nehe tae noa mai ki te rau tau tekau ma waru. Ko te taha runga o aua heru te take. Mai i te tuatahi he pararahi a runga. Ka haere te wa ka puku, ka huri ka noho mai he pona ki te taha o te puku. Ko te taonga nei te mutunga o tenei heke whakairo, ara, te matenga nga kanohi me te ihu. Koia nga tikanga i nga heru mai i nga kohinga a Kapene Kuki.

Ridgepole of a Chief's House

wood, height 239 cm
Bay of Plenty
Ngati Awa tribe
Te Huringa I period (1800–)
Auckland War Memorial Museum Te Papa Whakahiku (50434)

This tahuhu, the porch portion of the ridgepole of a chief's small house, stood in the Ngati Awa tribal area of the Bay of Plenty and belonged to the Warahoe hapu. It represents the beginning of the main line of descent from which the chief took his mana (power) and position within the tribe. Symbolically, a ridgepole is the backbone of the ancestor who is represented by the house. In many houses the figures shown on the outside ridgepole were the primal parents. In this house the chief wished to emphasise his local descent and connection with other powerful tribes. The more stylised figure represented his descent from Kahungunu, ancestor of Ngati Kahungunu of Hawke Bay. At some stage in its history this carving was defaced and most of the Kahungunu identification removed. It is possible that the connection between the chief whose house this was and Hawke Bay was no longer recognised, and because of this the house was allowed to fall into decay and the carvings to pass into the hands of collectors. The carvings were restored to their original finish in readiness for this exhibition.

He Tahuhu

he rakau, te teitei 239 cm
no Whakatane rohe
no Ngati Awa
te wa, Te Huringa I (1800–)
Auckland War Memorial Museum Te Papa Whakahiku (50434)

Ko tenei tahuhu ko te pito i runga ake i te roro o te whare. No te rohe o te iwi o Ngati Awa, o te hapu o Warahoe. E whakaatu ana nga whakairo o runga i te tatai o te rangatira o taua whare, a, i tona mana hoki. Ko te tuararo o te tipuna te tahuhu, ko te whare te tinana. Ko Rangi raua ko Papa nga tekoteko o nga whakairo o enei tu whare. Ko te take o nga whakairo he whakapumau i nga kawai here i a ia ki a Ngati Awa, a, ki era atu iwi hoki e whai mana ana. Ko Kahungunu, te tipuna, te tangata o runga. Ka haere te wa, ka tukinotia te taonga nei, ka haehaea ngaro noa atu nga tohu e pa ana ki a Kuhungunu. Kahore pea he panga o te rangatira nei ki a Ngati Kahungunu, a, ka mate noa iho taua whare, ka riro nga whakairo i te tangata. Me ata whakaora kia pai ai mo te matakitaki.

Doorway for a Storehouse

wood, paint, height 115 cm
Whakatane
Ngati Awa tribe
Te Huringa I period (1800–)
Auckland War Memorial Museum Te Papa Whakahiku (185)
formerly Buller Collection

This kuwaha pataka (storehouse doorway) was made in the early nineteenth century and is a prime piece of Ngati Awa art. The central figure appears to be similar to Arawa's naturalistic face mask, but the surface decoration is in East Coast style. Similarly, the two 'legs' on either side of the door are carved in both styles. This combination is quite typical of the early nineteenth century carving from the Ngati Awa. At a later period the carving amalgamates into the Mataatua style.

He Kuwaha Pataka

he rakau, te teitei 115 cm
no Whakatane
no Ngati Awa
te wa, Te Huringa I (1800–)
Auckland War Memorial Museum Te Papa Whakahiku (185)
mai i te Kohinga a Buller

I mahia tenei taonga i te wa tuatahi o te rau tau tekau ma iwa. He taonga rangatira whakahirahira no te iwi o Ngati Awa. Nga tikanga whakairo o te tekoteko i waenganui he rite ki te rere a Te Arawa. Ko etahi atu o nga tikanga no Ngati Porou. Koia te ahua o nga whakairo i roto o Ngati Awa. No muri noa mai ka puta nga tikanga a Mataatua.

Mask from Gateway of a Pa

wood, height 64 cm
Whirinaki River, Okarea
Ngati Manawa tribe
Te Huringa I period (1800–)
Otago Museum, Dunedin (D34.455)

Ngati Manawa have strong connections with Arawa, and this may be seen in their art. In this gateway mask they have combined the tattooed face mask of Arawa style with their own innovation — pierced eyeholes — to produce a very strong carving. Traditions of the area would suggest that this gateway belonged to the pa (fortified settlement) taken about 1829 by Ngati Awa, but it seems that it belongs to a later period, when Ngati Manawa were living under the protection of the Tuhoe people. The missionary William Colenso described gate masks on Ngati Manawa pa on the Whirinaki River in 1842. This mask probably belongs to that period.

He Koruru

he rakau, te teitei 64 cm
no Okarea i Whirinaki
no Ngati Manawa
te wa, Te Huringa I (1800–)
Te Whare Taonga o Otakou i Otepoti (D34.455)

He tino tata tonu a Te Arawa, a Ngati Manawa. Pera ano nga tikanga whakairo. Koia e mau i te taonga nei. Na Te Arawa nga whakairo o te koruru. Ko nga kohao mo nga kanohi me te mangai na Ngati Manawa. Ki nga korero o te rohe, ko tenei waharoa no tetahi pa i riro i a Ngati Awa i te tau 1829. Engari ki te titiro a te tohunga o enei tu taonga no muri noa iho, no te wa i a Ngati Manawa i raro i te maru o Tuhoe. Ki nga tuhi a Colenso, te mihinare, i te tau 1842 ka nui nga koruru penei i te pa o Ngati Manawa i Whirinaki. No taua wa ke pea tenei koruru.

Doorway and Bargeboards

wood, kuwaha; height 246 cm; left maihi, length 315 cm; right maihi, length 360 cm

Te Kaha

Te Whanau-a-Apanui tribe

Te Puawaitanga period (1500–1800)

Auckland War Memorial Museum Te Papa Whakahiku (22063)

formerly Spencer Collection

These maihi (bargeboards) and doorway (kuwaha) are from a pataka (storehouse) named Te Potaka, which was one of three standing at Maraenui in 1780. It was later moved to Raukokore where it was being renovated in 1818. When word of the Ngapuhi musket raids reached the district a few years later, the carvings were hidden in a sea cave at Te Kaha. They were recovered from there in 1912 and placed in the Auckland Museum. The more damaged maihi and the doorway were carved about 1780 with stone tools. The less damaged maihi was probably just completed when the carvings were hidden. The two sides also show the difference between the original carver, a sculptor interested in shape and form, and the second carver, a skilled craftsman essentially copying what had been done before, albeit with a few extra touches. These carved boards are among the most highly valued pieces of the Maori and represent some of the most beautiful and elegant carvings ever done.

He Kuwaha, he Maihi

he rakau te kuwaha; te teitei 246 cm; te maihi maui, te roa 315 cm; te maihi matau, te roa 360 cm

no Te Kaha

no Te Whanau-a-Apanui

te wa, Te Puawaitanga (1500–1800)

Auckland War Memorial Museum Te Papa Whakahiku (22063)

mai i te Kohinga a Spencer

Ko 'Te Potaka' te ingoa o te pataka o enei taonga. E toru aua pataka i Maraenui e tu ana i te tau 1780. No muri mai ka nukuhia Te Potaka ki Raukokore. I reira e mahia ana, e whakaorangia ana i te tau 1818. Ka puta nga rongo muru haere a Ngapuhi ki te rohe o Te Kaha, ka kuhua nga taonga nei. I te tau 1912 ka tikina, ka mauria ki te Whare Taonga o Akarana. He nui nga mate o te maihi maui. Me whakairo te kuwaha me te maihi maui i te tau 1780. Ki nga whakapae, ko te maihi matau katahi ano ka oti te whakairo ka kuhua. E rua nga kaiwhakairo o nga maihi; he rere ke tetahi i tetahi. Ko te tohunga o te maihi tawhito he tino tohunga mo te whakairo. Ko te tangata o te maihi o muri mai he rawe ki te karawhui i te toki Riterite tonu nga whakairo o te mea tuarua ki era o te mea tuatahi. Ko enei etahi o na tino taonga whakairo a te Maori.

Club

whalebone, length 35 cm
Te Kaha (?)
Te Whanau-a-Apanui tribe
Te Huringa I period (1800–)
Auckland War Memorial Museum Te Papa Whakahiku (335)
formerly C.O. Davis Collection

Kotiate literally means 'cut liver' and describes the shape of this club. All Maori short clubs were used as thrusting weapons in close fighting. After a blow to the temple the notches at the side were used, which, by a twist, lifted off the top of the skull. A chief carrying such a weapon would often challenge the opposing chief to single combat. The first to get in three blows won the duel and often the war. This kotiate was made about 1830.

 He Kotiate Paraoa

he paraoa, te roa 35 cm
no Te Kaha (?)
no Te Whanau-a-Apanui
te wa, Te Huringa I (1800–)
Auckland War Memorial Museum Te Papa Whakahiku (335)
mai i te Kohinga a C.O. Davis

He rite te ahua o tenei taonga ki te ate o te tangata. Ko nga patu a te Maori he poto katoa, a, he rawe hoki mo ta te Maori tu whawhai whakataetae, ara, he tangata ki te tangata. Ka u ana tenei patu ki te taha o te matenga o te tangata, kua kawiritia atu nga puku i te taha o te kotiate mau noa, pakaru, riro noa atu a runga o te matenga o te tangata. Ka mau ana te rangatira i tana patu he wero tana i tana hoa riri. Ki te korero, ko te tangata tuatahi e toru nga panga o tana patu ki te hoa riri, koia te toa o te whakataetae, o te pakanga ranei mehemea he pakanga. Me mahi tenei kotiate i te wa o te tau 1830.

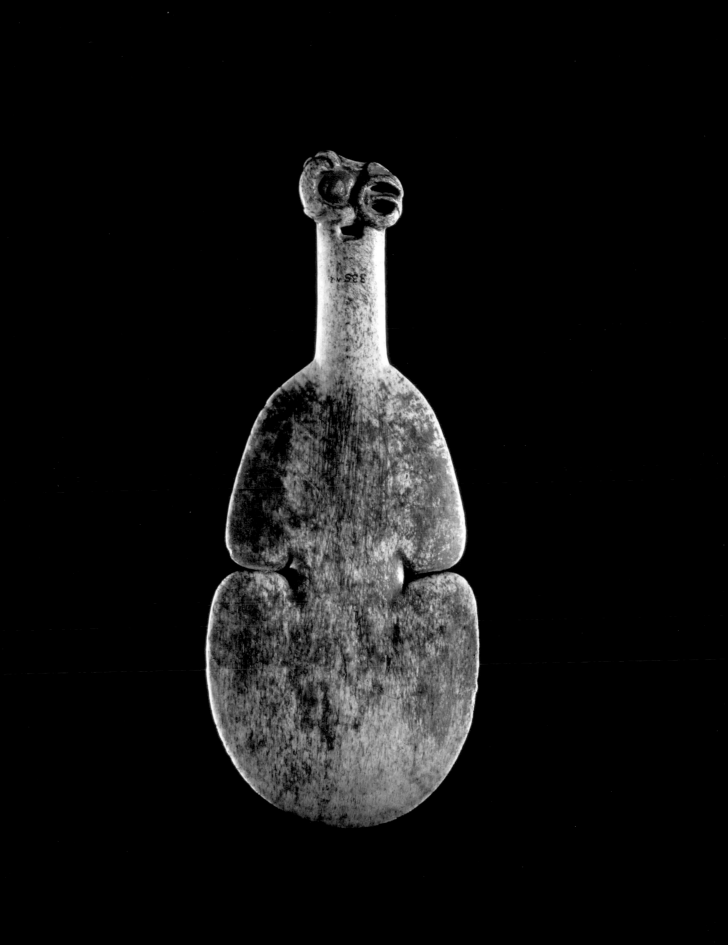

22 Pendant

greenstone, height 12 cm
Tuparoa
Ngati Porou tribe
Te Tipunga period (1200–1500)
Hawke's Bay Art Gallery and Museum, Napier (38/390)
formerly Waipare Collection

This pendant is a named ancestral tiki, Rutataewhenga, which is the heirloom and mana (prestige) of the Ngati Hine subtribe of Ngati Porou. Ngati Hine are the descendants of Hinemate, a paramount chieftainess who lived about ten generations ago. The tiki has a traditional history which suggests that it might have been made at least ten and probably twenty generations before the time of Hinemata.

22 He Hei–tiki Rutataewhenga

he pounamu, te teitei 12 cm
no Tuparoa
no Ngati Porou
te wa, Te Tipunga (1200–1500)
Nga Whare Taonga o Te Matau-a-Maui i Ahuriri (38/390)
mai i te Kohinga a Waipare

No Rutataewhenga tenei taonga-a-iwi o te hapu o Ngati Hine o Ngati Porou. Ko Ngati Hine nga uri o Hinemate. He wahine rangatira, whai mana hoki no nehe. Ki nga korero no tekau ki te rua tekau whakatipuranga atu i a Hinemate tenei taonga. Koia tonu te tawhito.

23   Canoe Prow

wood, length 115 cm
Tolaga Bay, Pourewa Island
Ngati Porou tribe
Te Puawaitanga period (1500–1800)
Museum of New Zealand Te Papa Tongarewa (Web.1202)
formerly Enys Collection; K.A. Webster Collection

This tauihu (prow of a war canoe) belonged to Hinematioro, mother of Te Kani-a-Takirau, a paramount chieftainess of the Ngati Porou tribe. The canoe was kept on Pourewa Island in Tolaga Bay. The carving of the prow includes surface decoration features which show Hinematioro's relationship to other tribes in New Zealand. Hinematioro was of such high birth that she was treated in all respects as a man for ceremonial occasions.

23   He Tauihu

he rakau, te roa 115 cm
no Pourewa motu
no Hauiti, Ngati Porou
te wa, Te Puawaitanga (1500–1800)
Museum of New Zealand Te Papa Tongarewa (Web.1202)
mai i te Kohinga a Enys; a K.A. Webster

No Hinematioro tenei taonga. He whaea ki a Te Kani-a-Takirau. He rangatira no Ngati Porou. I takoto tenei tauihu ki te motu o Pourewa i Hauiti. E mau ana i nga whakairo te tata o Hinematioro ki nga iwi katoa o Te Motu. He wahine rongonui, a, i tu i te tu a te tane i runga i te marae.

24   Canoe Bailer

wood, length 45.7 cm
Gisborne
Rongowhakaata tribe
Te Puawaitanga period (1500–1800)
Canterbury Museum, Christchurch (E.84.10)

This tiheru, or war-canoe bailer, is one of a pair that are treasured heirlooms of the Rongowhakaata people. The bailers are named Porourangi after an ancestor of the East Coast tribes. It is said that originally the art of carving was taken from the wharewananga (house of learning) at Tolaga Bay. The two chiefs who learned the art were Tukaki of Te Whanau-a-Apanui and Iwirakau of Ngati Porou. The bailers are carved in the styles of Tukaki and Iwirakau, and this particular one is carved in Te Whanau-a-Apanui style of Tukaki.

24   He Tiheru

he rakau, te roa 45.7 cm
no Turanga
no Rongowhakaata
te wa, Te Puawaitanga (1500–1800)
Te Whare Taonga o Waitaha i Otautahi (E.84.10)

E rua enei taonga a Rongowhakaata. Ko tenei tetahi. Me hua ngatahi ki a Porourangi. He tipuna no nga iwi o Te Tai Rawhiti. E kiia ana i timata mai te tikanga whakairo i te whare wananga i Hauiti. Ko nga tohunga tuatahi ko Tukaki o Te Whanau-a-Apanui, ko Iwirakau o Ngati Porou. Ko nga tikanga katoa i runga o tenei taonga no te rere ki a Tukaki, ki a Iwirakau. Na Tukaki tenei i whakairo.

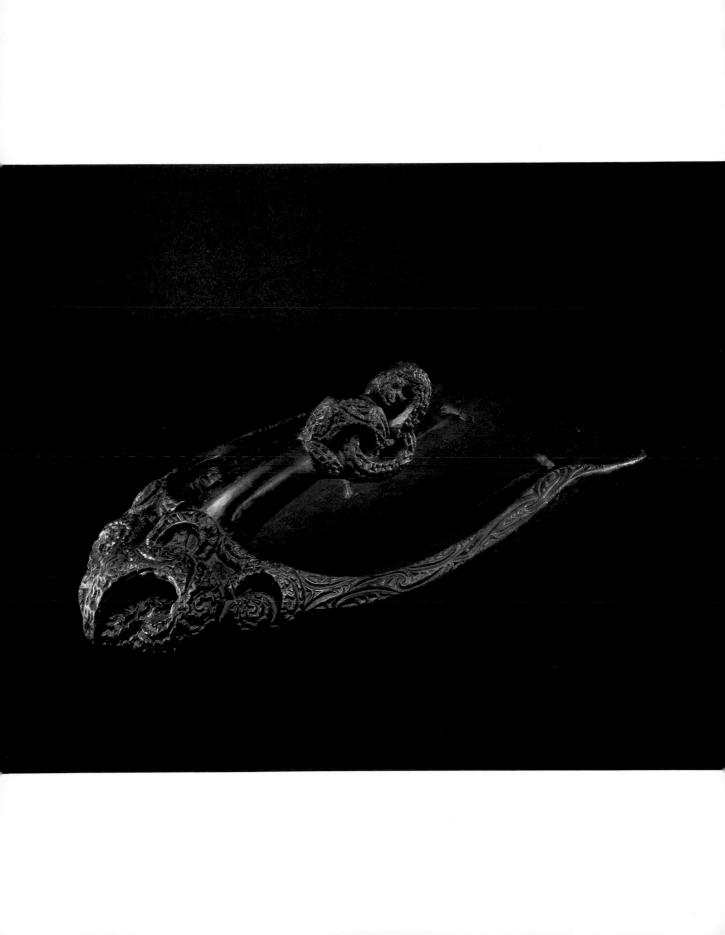

25   War Canoe Model

wood, length 245 cm
Gisborne, Manutuke
Rongowhakaata tribe
Te Huringa I period (1800–)
Auckland War Memorial Museum Te Papa Whakahiku (44117)

This wakataua (war canoe) was carved in the mid-nineteenth century and has been attributed to Rakaruhi Rukupo. The prow and stern have been very finely done and it is a faithful replica of a full–sized war canoe, except that the hull of the canoe is too large to accord with the true proportions of a canoe that would have been quite slender for its length. For instance, the full-sized war canoe Te Toki-a-Tapiri in the Auckland Museum has a length of 92 feet and a maximum hull width of six feet. Canoes like Te Toki carried 80 paddlers, at least two bailers, and half a dozen chiefs and priests. The canoes could be paddled or sailed with a triangular matting sail used either in the spritsail position or on an angle, as a lateen sail.

25   He Wakataua

he rakau, te roa 245 cm
no Manutuke i Turanga
no Rongowhakaata
te wa, Te Huringa I (1800–)
Auckland War Memorial Museum Te Papa Whakahiku (44117)

I whakairotia tenei taonga i te wa o te rau tau tekau ma iwa. E kiia ana ko Rakaruhi Rukupo te tohunga. He rangatira nga mahi o te ihu, o te kei. He rite nga ahuatanga katoa ki era o te wakataua tuturu. Ko te wahi ki waenganui anake kihai i rite. Ko te roa o te wakataua, Te Toki-a-Tapiri, i Te Papa Whakahiku e iwa tekau ma rua putu. Te whanui i waenganui e ono putu. Ko te maha o nga kaihoe mo tenei waka e waru tekau. E rua kaitiheru, e rima ki te ono nga ariki, tohunga ranei. He ra, he hoe nga tikanga whakatere waka penei. Me ata takitaki haere tonu te hopu o te hau e nga ra kia tere ai te rere a te waka.

Post Figure

wood, height 46 cm
Gisborne
Rongowhakaata tribe
Te Huringa I period (1800–)
Museum of New Zealand Te Papa Tongarewa (Old.148)
formerly W.O. Oldman Collection

This poutokomanawa (centrepost figure) from a chief's house depicts a recently dead ancestor whose tattoo was not complete at the time of death. The proportions of the figure are typical of the Rongowhakaata style of carving. The eyes are slitted and filled with red sealing wax. The head was originally provided with a wig of human hair which would have hung down to the shoulders. It was carved about 1840.

He Poutokomanawa

he rakau, te teitei 46 cm
no Turanga
no Rongowhakaata
te wa, Te Huringa I (1800–)
Museum of New Zealand Te Papa Tongarewa (Old.148)
mai i te Kohinga a W.O. Oldman

No te whare o tetahi rangatira tenei poutokomanawa. Ko te moko o te kanohi o te tipuna o runga kihai i oti ka hemo. He rangatira no tata ake nei. Te roa, te nui o nga ringa, o nga wae me te matenga he rite katoa ki te rere whaikairo o te rohe o Rongowhakaata. Me ata tikaro he puare mo nga kanohi ka whakapurua atu. He potae makawe ano mo te matenga o tenei poutokomanawa. I tau te roa o nga makawe ki nga pokohiwi. I mahia tenei taonga i te wa o te tau 1840.

Post Figure

wood, height 144 cm
Napier, Pakowhai
Ngati Kahungunu tribe
Te Huringa I period (1800–)
Hawke's Bay Art Gallery and Museum, Napier (37/748)

The base of an interior support post carved to represent a named ancestor, this poutokomanawa belonged to a house that stood in the vicinity of Pakowhai near Napier. The name of the ancestor is carved across the chest thus: Ko Te Kauru-o-te-rangi (This is the Head of the Sky). At one time this and other poutokomanawa carvings were kept in the Heretaunga house at Taradale. This is one of a group of such carvings that has survived into the present time.

He Poutokomanawa

he rakau, te teitei 144 cm
no Pakowhai i Ahuriri
no Ngati Kahungunu
te wa, Te Huringa I (1800–)
Nga Whare Taonga o Te Matatu-a-Maui i Ahuriri (37/748)

Ko tenei poutokomanawa no tetahi whare i Pakowhai i Ahuriri e tu ana. He tipuna te tangata, ara, te take o te pou. Ko Te Kauru-o-te-rangi te ingoa, a, e mau mai ana hoki i te rei. I Heretaunga tenei poutokomanawa me etahi atu e takoto ana mo tetahi wa. Ka nui tonu kei te kitea inaianei.

28   Doorway of Storehouse

wood, height 92 cm
Heretaunga
Ngati Kahungunu tribe
Te Huringa I period (1800–)
Museum of New Zealand Te Papa Tongarewa (Old.489)
formerly W.O. Oldman Collection

This kuwaha pataka (doorway of a storehouse) has been cut at the base and the top. The figure was male and in this case probably represents Kahungunu, ancestor of the tribe, who was famous for his sexual prowess. The identification of such a figure is secondary to its mythological significance within the framework of a storehouse. This pataka doorway was carved in the late eighteenth or early nineteenth century.

28   He Kuwaha Pataka

he rakau, te teitei 92 cm
no Heretaunga
no Ngati Kahungunu
te wa, Te Huringa I (1800–)
Museum of New Zealand Te Papa Tongarewa (Old. 489)
mai i te Kohinga a W.O. Oldman

He mea tapahi te taha runga me te taha raro o tenei kuwaha pataka. Ki te ahua ko Kahungunu te tangata, te tipuna o te iwi o runga. He tangata rongonui, a, mate ana nga wahine o te Motu. He roa te taonga o te tekoteko nei. Oti ra kei ko noa atu nga korero mo nga pataka a te Maori. I whakairotia i te wa mai i te tau 1850 ki te tau 1900.

29   Canoe Bow Cover

wood, length 100 cm
Waitore site, near Patea, Taranaki
early Taranaki
Te Tipunga period (1200–1500)
Taranaki Museum, New Plymouth (A.82.500)
formerly in the Patea Museum

The deposit in which this bow cover from a Polynesian-style canoe was found has been dated by radiocarbon to the sixteenth century. A haumi (bow cover) is the forerunner of the later tauihu (bow piece). Other pieces of canoe found in the deposit suggest that the canoe might have been made in pieces rather than as a dug-out. The simple lines of this haumi are evident in the horn decoration, enhanced by the row of notching in the style of an earlier period. Decoration has been applied by indenting with the edge of a small adze. The spiral and line forms represent the two successive lines of development in Maori art: the early Polynesian form of geometric shapes and the later Maori curvilinear art. On this truly transitional piece, both lines coincide.

29   He Haumi

he rakau, te roa 100 cm
no Waitore i Patea
no Taranaki o nehe
te wa, Te Tipunga (1200–1500)
Te Whare Taonga o Patea i Paritutu (A.82.500)
mai i te Whare Taonga o Patea

I kitea tenei haumi i tetahi takotoranga tino tawhito. Ko nga tikanga katoa kei te rere o nga tikanga moutere. No te rau tau tekau ma ono te whakapae. I heke mai te tau ihu waka a te Maori me nga tikanga whakairo i tenei tu haumi. E kiia ana me honohono te mahi o te tinana o te waka ake. He maha nga rakau i takoto tahi me te haumi. Kahore i hahaua mai i te rakau kotahi. E rua nga tikanga e mau mai ana i te wa o nehe ki te wa mahi whakairo a te Maori. He iti noa nga mea o runga; te tikanga kaniwha i runga me nga tumu kei mua e tu ana.

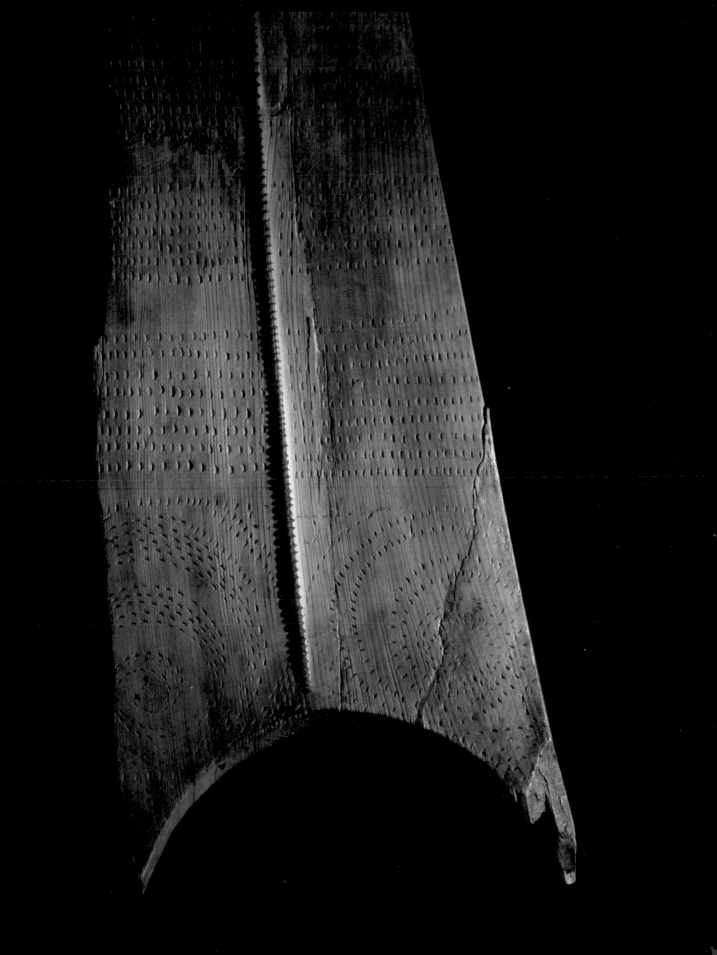

Feather Box

wood, length 43 cm
South Taranaki
Ngati Ruanui tribe
Te Huringa I period (1800–)
Museum of New Zealand Te Papa Tongarewa (Old.484)
formerly W.O. Oldman Collection

This papahou (flat feather box) was carved with stone tools, using the Nga Rauru style, which is basically a Taranaki form but with features from Wanganui. The surface decoration of continuous rolling spirals with separate diamond notches is fairly typical of Ngati Ruanui and Nga Rauru work. The pointed-head figures on the lid are a variation of Taranaki work, while the handles at the ends relate to Wanganui or even Waikato shapes.

30 He Papahou

he rakau, te roa 43 cm
no Taranaki
no Ngati Ruanui
te wa, Te Huringa I (1800–)
Museum of New Zealand Te Papa Tongarewa (Old.484)
mai i te Kohinga a W.O. Oldman

Ko tenei papahou me whakairo ki te kohatu ki te rere whakairo a Nga Rauru, ara, ki Taranaki, ki Whanganui. Koia nga tikanga a Ngati Ruanui me Nga Rauru. Ko nga matenga o nga tekoteko o te taupoki no Taranaki. No Whanganui ki Waikato nga tikanga o nga puritanga.

31   Weaving Peg

wood, shell, length 49.2 cm
Taranaki
Taranaki tribe, Te Ati Awa tribe
Te Huringa I period (1800–)
Museum of New Zealand Te Papa Tongarewa (ME.13842)
formerly Tau Fletcher Collection

Maori twining or weaving was done on two pegs placed in the ground, one plain and the other a more elaborately decorated peg for the right-hand side. The topmost weft thread was strung between these and the warp threads hung down. The material was then woven, using four threads in a twining technique. The decorated peg was dedicated to the goddess who was the patroness of weaving. Weaving was originally a skill learned from the patupaiarehe, the 'other world people'. Taranaki was famous throughout New Zealand as the home of beautiful cloaks, which were eagerly sought by other tribes.

31   He Turuturu Whatu

he rakau, he anga, te roa 49.2 cm
no Taranaki
no Te Ati Awa
te wa, Te Huringa I (1800–)
Museum of New Zealand Te Papa Tongarewa (ME.13842)
mai i te Kohinga a Tau Fletcher

E rua nga rakau mo te whatu me te taniko a te Maori. He mea titi ki te whenua te mea whai whakairo ki te taha matau. Koia nga rakau pupuri i te aho tahuhu, ara, te aho tuatahi me nga whenu hoki o te mahi. Kua pai inaianei te timata o te whatu. Ko tenei tu rakau me mahi mo te atua o tenei mahi te whatu. Ki te korero i ahu mai enei tu mahi i te iwi patupaiarehe. He rongo nui nga whatu kakahu i roto o Taranaki.

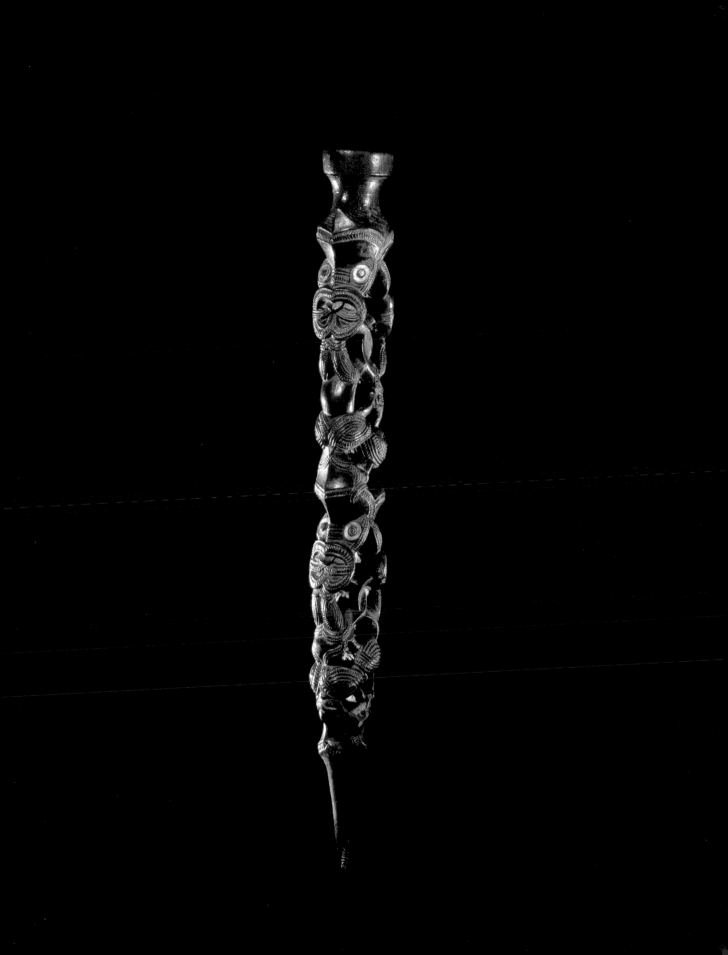

32   Canoe Prow

wood, length 91 cm
North Taranaki, Waitara
Te Ati Awa tribe
Te Huringa I period (1800–)
Taranaki Museum, New Plymouth (A.78.127)
formerly Manukorihi Maori Collection

The style of this canoe prow, hidden near Manukorihi pa at Waitara, is not as abstract as earlier prows from this and other regions. The rear and front figures are more definite than would be expected, and the elements connecting the arms of the spirals look slightly different from other examples. These 'problems' would disappear if the prow were a gift carved by another tribe who used the style of the recipients. It appears that this was the case: the prow was a gift from the Tuwharetoa people of Taupo to Te Ati Awa in the early years of the nineteenth century.

32   He Tauihu

he rakau, te roa 91 cm
no Waitara i Taranaki
no Te Ati Awa
te wa, Te Huringa I (1800–)
Te Whare Taonga o Taranaki i Paritutu (A.78.127)
mai i te Kohinga a Te Maori o Manukorihi

I te pa o Manukorihi tenei tauihu e kuhu ana. Kahore nga tikanga whakairo o runga i rite ki nga tauihu o mua i roto o te rohe o etahi atu rohe ranei. He marama tonu te tu a nga tekoteko i mua i muri. He maha nga tikanga rereke. Ko te whakapae i ahu mai tenei taonga ki Taranaki i etahi atu rohe. E kiia ana he takoha pea na Tuwharetoa ki a Te Ati Awa.

Canoe Figurehead

wood, height 54 cm
Otago Harbour, Long Beach
Kai Tahu (Kati Mamoe)
Te Puawaitanga period (1500–1800)
Otago Museum, Dunedin (L71.68)

This tauihu (figurehead for a canoe) is from Wharauwerawera (Long Beach) on the north head of Otago Harbour. Although the form is early, with keeled Polynesian-style eyes, it has later Maori surface decoration. This blend of cultural phases may reflect the experience of the Kati Mamoe tribe to whom it is ascribed. They were an ancient North Island tribe pushed southward by the expansion of later groups with whom they had extensive contact and intermarriage. This tauihu is thought to date from the seventeenth or eighteenth century. Kati Mamoe were pressured out of the Cook Strait area in the mid-seventeenth century.

He Tauihu

he rakau, te teitei 54 cm
no Wharaurewarewa i Otakou
no Kati Mamoe, Kai Tahu
te wa, Te Puawaitanga (1500–1800)
Te Whare Taonga o Otakou i Otepoti (L71.68)

No Wharaurewarewa ki te taha raro o te moana o Otakou tenei tauihu Ahakoa no nehe nga whakairo me te ahua o nga whatu ko nga haehae he rite ki era a te Maori. He maha nga tikanga ke e mau ana i roto i tenei taonga. He tohu pea no nga ahuatanga i pa ki te iwi o Ngati Mamoe. I ahu mai a Ngati Mamoe i te Ika-a-Maui, no reira he nui, he whanui nga panga ki nga iwi o nga iwi haere. Ko te korero no te rau tau tekau ma whitu ki te rau tau tekau ma waru. I nuku atu a Ngati Mamoe i te rohe o te Ara-a-Kiwa i te wa o te rau tau rima tekau.

34   Pendant

nephrite, height 17.2 cm
Kai Tahu tribe
Te Puawaitanga period (1500–1800)
Auckland War Memorial Museum Te Papa Whakahiku (3320)
formerly E.B. Williams Collection

This large nephrite hei-tiki was collected by a lieutenant on the *Endeavour*. The ship was probably not Captain Cook's *Endeavour*, but the sealer of Captain Bampton which foundered in Dusky Sound at the extreme southwest of the South Island in 1795. The style of the tiki and its size would be appropriate to a very late eighteenth century or even early nineteenth century date of manufacture in the South Island and reflects the Kai Tahu dominance of the Poutini nephrite resource on the western side of the South Island in that period. The struggle for dominance of pounamu (nephrite) is a central feature of South Island Maori history.

34   He Hei–tiki

he pounamu, te teitei 17.2 cm
no Kai Tahu
te wa, Te Puawaitanga (1500–1800)
Auckland War Memorial Museum Te Papa Whakahiku (3320)
mai i te Kohinga a E.B. Williams

Na tetahi o nga tangata o te kaipuke nei te *Endeavour*. E kiia ana ehara i te kaipuke o Te Kuki, ara, no te waka kekeno ke o tetahi tangata, ko Brampton te ingoa. I eke i te rohe o te Ara-a-Kiwa, i te tau 1795. Ki te ahua o te nui o tenei taonga no tata ake nei ano. No te mutunga pea o te rau tau tekau ma waru. Na Kai Tahu tonu te taonga nei te pounamu Poutini i te taha hauaru o Te Waipounamu. He tino take ki a Ngai Tahu ko wai nga rangatira o tenei taonga.

35   Pendant, Fishhook

whalebone, height 16 cm
Otago Heads, Papanui Inlet
Kai Tahu (Kati Mamoe)
Te Puawaitanga period (1500–1800)
Otago Museum, Dunedin (D27.257)

This late matau (fishhook) of whalebone is one of a pair found with a burial. The hook is large and, for its size, some-what delicate. While it has the form of a late eighteenth century hook, it is doubtful that it served a utilitarian function. It is much more likely to have been a ceremonial hook worn as an amulet.

35   He Matau

he paraoa, te teitei 16 cm
no Papanui i Otakou
no Kati Mamoe, Kai Tahu
te wa, Te Puawaitanga (1500–1800)
Te Whare Taonga o Otakou i Otepoti (D27.257)

I ahu mai tenei matau i tetahi wahi tapu o tata ake nei. E rua tonu. Ko tenei tetahi. He nui, a, kahore hoki i maro. Ki te titiro iho no te wa o te rau tau tekau ma waru, a, kahore hoki he take mo te aha. Tera pea he matau mo nga tikanga Maori o tona wa ara he taonga noa iho.

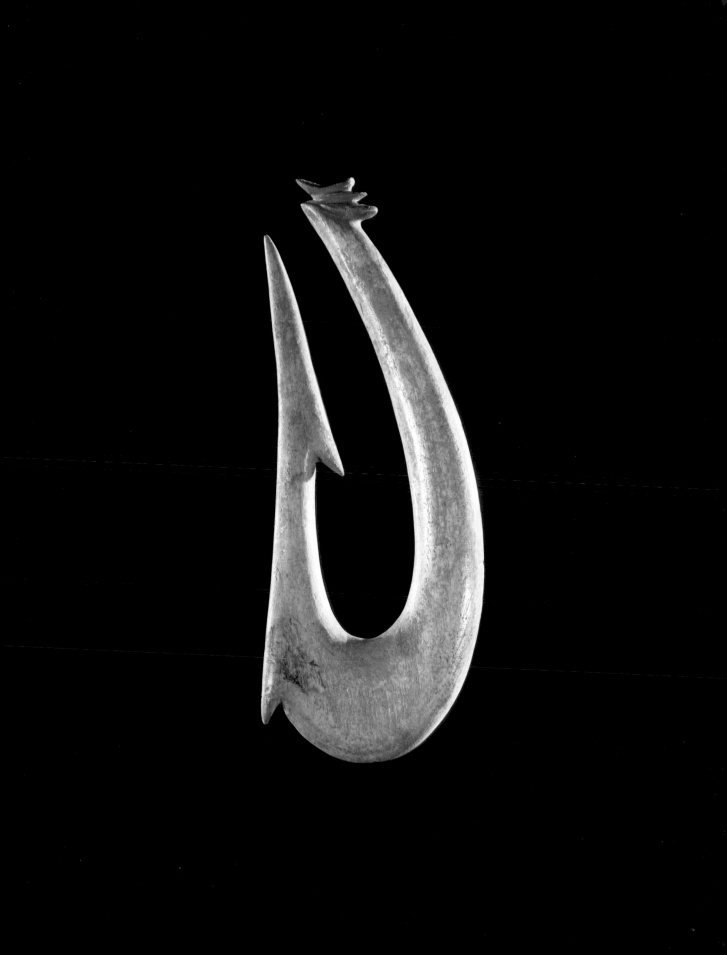

Fishhook Ornament

nephrite, height 13 cm
Kai Tahu tribe
Te Puawaitanga period (1500–1800)
Canterbury Museum, Christchurch (E.138.325)

This hei-matau is a nephrite fishhook ornament generally worn only by learned men. It represents the fishhook with which Maui fished up the North Island of New Zealand. His fishhook, made from his grandmother's jawbone, was baited with blood from his own nose. It plunged into the depths and caught in the gable of the house of Tangaroa, the god of the sea. According to the South Island people, their island (Te Waipounamu) was the 'canoe' from which the North Island was fished up. Thus, for the tribes of that area hei-matau have heightened significance, particularly those made from their treasured pounamu (nephrite).

He Hei–matau

he pounamu, te teitei 13 cm
no Kai Tahu
te wa, Te Puawaitanga (1500–1800)
Te Whare Taonga o Waitaha i Otautahi (E.138.325)

He mau kaki mo te tane tenei taonga pounamu. Ko te ahua he rite ki te matau hi ake a Maui i Te Ika–a–Maui. Ko taua matau ki nga korero a te Maori ko te kauae o tona kuia. Ko te mounu ko te toto mai i tona ihu. I te hekenga ka mau te matau ki te tekoteko o te whare o Tangaroa. Ki te korero a nga iwi o Te Wiapounamu koia tonu ko Te Waipounamu te waka o Maui i te hiinga ake o tana ika. He tino taonga te hei matau pounamu ki nga iwi o te Waipounamu.

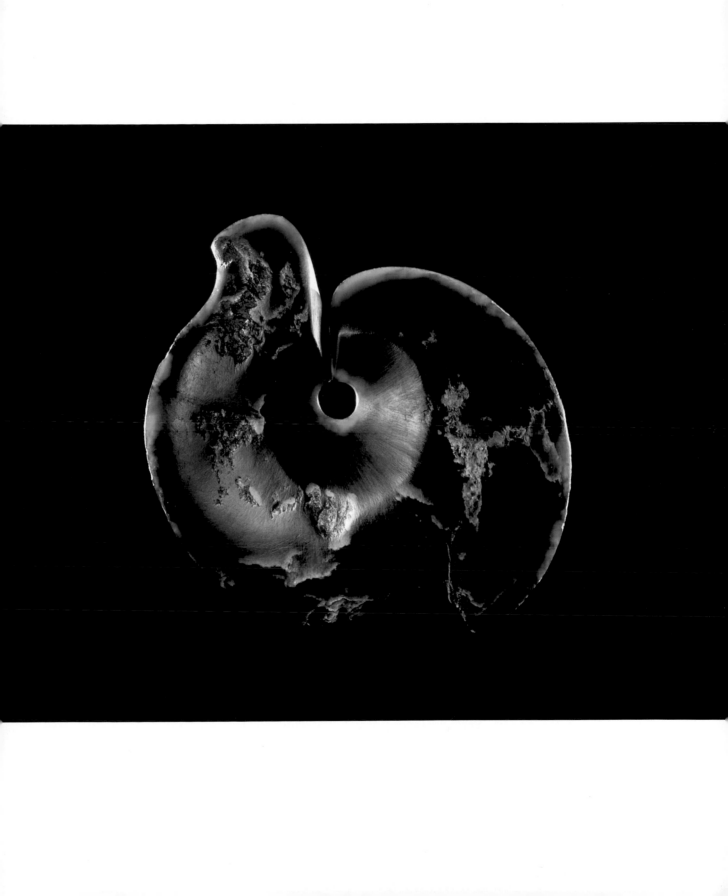